dirigée par M.

LECTURES CATHOLIQUES DU PREMIER AGE,

Publiées sous les auspices et avec l'approbation de Son Eminence Monseigneur

HUGUES-ROBERT-JEAN-CHARLES

DE LA TOUR-D'AUVERGNE-LAURAGUAIS,

Cardinal Prêtre de la sainte Eglise romaine, du titre de Sainte-Agnès extra mœnia, par la miséricorde divine et la grace du Saint-Siége apostolique, évêque d'Arras, décoré du Pallium et grand'croix de l'ordre de la Légion-d'Honneur.

DEUXIÈME ÉDITION.

PARIS,
Librairie classique et élémentaire de EDOUARD TÉTU et Cie, 59, rue Saint-André-des-Arts.

ARRAS,
Librairie de F. GALAND, rue de la Madeleine, 353.

DOUAI,
Librairie de A. OBEZ, rue de Bellaire, 4.

1849

Ce livre appartient à l'Elève

1390

LECTURES CATHOLIQUES DU PREMIER AGE,

Publiées sous les auspices et avec l'approbation de Son Eminence Monseigneur

HUGUES-ROBERT-JEAN-CHARLES

DE LA TOUR-D'AUVERGNE-LAURAGUAIS,

Cardinal Prêtre de la sainte Eglise romaine, du titre de Sainte-Agnès *extra mœnia*, par la miséricorde divine et la grace du Saint-Siége apostolique, évêque d'Arras, décoré du Pallium et grand croix de l'ordre de la Légion-d'Honneur.

DEUXIÈME ÉDITION.

PARIS,
Librairie classique et élémentaire de Edouard Tetu et Cie, 59, rue Saint-André-des-Arts.

ARRAS,
Librairie de F. Galand, rue de la Madeleine, 353.

DOUAI,
Librairie de A. Obez, rue de Bellaire, 4.

1849.

TYP. E. LEFRANC ET Ce, A ARRAS.

AVERTISSEMENT.

Le premier livre à mettre entre les mains d'un enfant chrétien est à coup sûr l'abrégé de la doctrine qu'il doit croire et pratiquer ; aussi les instituteurs et les parents pieux s'étonnent à juste titre qu'au sortir du syllabaire on ne puisse faire lire les enfants dans un livre religieux tout à fait élémentaire et à la portée des plus jeunes intelligences.

C'est pour remédier à la lacune déplorable qui existe, que nous publions nos *Lectures catholiques du premier âge.* A coup sûr, on trouvera en quantité suffisante des livres de piété pour les élèves de dix, douze et quinze ans ; mais pour les petits enfants qui commencent à lire, il fallait une rédaction simple, claire et à leur portée.

Nous avons pensé que le catéchisme, dégagé des demandes et rédigé en courts paragraphes, remplirait avantageusement le but que nous nous proposons, et nous avons pris notre texte dans ce saint ouvrage, ne nous permettant pas d'y mettre un mot du nôtre, mais puisant dans Fleury, Lhomond et les catéchismes d'Arras, d'Amiens, de Bayeux, de Montpellier, de Mende, de Rheims, de Strasbourg, et de Paris.

L'encouragement et la haute approbation que nous avons obtenus de S. E. Mgr. le Cardinal Evêque d'Arras, nous ont prouvé que nous étions dans une bonne voie, et nous livrons avec confiance notre ouvrage aux instituteurs et aux parents.

CHAPITRE PRÉLIMINAIRE.

---

1 C'est | par | la | grâ ce | de | Di eu | que | nous | a vons | le bon heur | d'ê tre | chré ti ens.

2 La | mar que | du chré ti en | est | de | fai re | le | si gne | de | la | croix.

3 Le | si gne | de | la | croix | se | fait | en por tant | la | main | droi te | au | front. |

puis | à | la | poi tri-
ne, | en su i te | à |
l'é pau le | gau che, |
et | de là | à | la | droi-
te, | en | di sant : |
AU | NOM | DU | PÈ RE,
ET | DU | FILS | ET | DU
SAINT | ES PRIT. | AIN-
SI | SOIT | IL.

4 On | fait | le si-
gne | de | la | croix |
pour | fai re | voir |
que | l'on | est | chré-
ti en; | pour | con-
fes ser | un | Di eu |
en | trois | per so-
nnes; | pour | se | sou-
ve nir | que | c'est |

par la croix que Jé sus Christ nous a ra che tés; pour a tti rer sur soi et sur ceux pour les quels on pri e, par les mé ri tes de Jé sus Christ les grâ ces dont on a be soin.

5 Un chré ti en est ce lui qui, ay- ant é té bap ti sé, croit et pro fes se tout ce que Jé sus Christ a en sei gné.

6 La doc tri ne chré ti en ne nous

en sei gne | d'a bord |
CE | QUE | NOUS DE-
VONS | CROI RE, | en-
su i te | CE | QUE | NOUS |
DE VONS | FAI RE | ET |
É VI TER, | et | en fin |
CE | QUE | NOUS | DE VONS
RE CE VOIR | ET | DE-
MAN DER.

7 Di eu | nous | a |
cré és | et | mis | au |
mon de | pour | le | co-
nnaî tre, | l'ai mer, | le |
ser vir | et | par | ce
moy en | ac qué rir |
la | bé a ti tu de | é-
ter nel le.

PREMIÈRE PARTIE.

CE QUE NOUS DEVONS CROIRE.

CHAPITRE PREMIER.

DU SYMBOLE DES APOTRES.

8 Le | Sym bo le | des | A pô tres est | u ne | for mu le | de | pro fes si-on | de | foi | qui | nous | vi ent | des A pô tres, | et | qui | con ti ent | l'a-bré gé | de | no tre | foi, | c'est à di re | la | col lec ti on | des | vé ri-tés | que | nous | de vons | croi re | pour | ê tre | sau vés.

9 Il | y | a | dou ze | ar ti cles | dans | le | Sym bo le, | au tant | qu'il | y | a | d'a pô tres. | En | voi ci | la | te neur :

10 Je | crois | en | Di eu | le | Père |
tout | pu i ssant, | cré a teur | du | ci el |
et | de | la | ter re. | Et | en | Jé sus |
Christ, | son | Fils | u ni que, | no-
tre | Sei gneur, | qui | a | é té | con çu
du | Saint | Es prit, | est | né | de | la |
Vi er ge | Ma rie, | a | sou ffert | sous |
Pon ce | Pi la te, | a | é té | cru ci-
fi é, | est | mort | et | a | é té | en se-
ve li, | est | des cen du | aux | en fers; |
le | troi si è me | jour | est | res sus-
ci té | d'en tre | les | morts, | est |
mon té | aux | ci eux, est | a ssis | a |
la | droi te | de | Di eu | le | Pè re |
tout | pu i ssant; | d'où | il | vi en dra |
ju ger | les | vi vants | et | les | morts. |

Je | crois | au | Saint | Es prit, | a | la |
sain te | E gli se | Ca tho li que, | a | la |
co mmu ni on | des | saints, | a | la | ré-
mi ssi on | des | pé chés, | a | la | ré-
su rrec ti on | de | la | chair, | a | la |
vie | é ter nel le. | Ain si | soit | il.

11. Les | prin ci paux | mys tè res |

de | no tre | foi | sont : | le | mys tè re | de | la | sain te | Tri ni té, | le | mys-tè re | de | l'In car na ti on, | le | mys-tè re | de | la | Ré demp ti on. | Ils | sont con te nus | dans | le | Sym bo le | des A pô tres.

12 Par | le | mys tè re | de | la | sain te | Tri ni té, | on | en tend | un Di eu | en | trois | per so nnes.

13 Par | le | mys tè re | de l'In car-na ti on, | on | en tend | le | Fils | de | Di eu | fait | ho mme.

14 Par | le | mys tè re | de | la | Ré-demp ti on, | on | en tend | que | le Fils de | Di eu | est mort | pour | nous | ra-cheter.

CHAPITRE II.

DE DIEU ET DE SES PERFECTIONS.

---

15 Di eu | est | un | pur | es prit, | in fi ni ment | par fait, | cré a teur | et

sou ve rain | sei gneur | de tou tes | cho ses.

16 Di eu | est | un | pur | es prit, | par ce qu'il | n'a | ni | fi gu re, | ni | corps, | ni | cou leur, | et qu'il | ne | peut | tom ber | sous | les | sens.

17 Di eu | est | in fi ni ment | par-fait, | par ce qu'il | po ssè de | tou tes les | per fec ti ons | au | sou ve rain | de gré.

18 Di eu | est | le | cré a teur | de tou tes | cho ses, | par ce qu'il | a | fait de | ri en | les | anges, | les | ho mmes, le | ci el | et | la ter re | et | tout | ce qui | ex is te.

19 Di eu | est | le | sou ve rain | sei-gneur | de | tou tes | cho ses, | par ce que | tout | lui | a ppar ti ent, | et | qu'il | peut | en | dis po ser co mme il | lui | plaît.

20 Di eu | a | tou jours | ex is té, | il | est | é ter nel, | c'est-à-di re | qu'il

n'a | point | eu | de | co mmen ce ment, qu'il | n'au ra | ja mais | de | fin | et qu'il | ti ent | l'être | de | lui | mê me.

21 Di eu | est | par tout, | il | rem-plit | le | ci el, | la | ter re | et | tous les | li eux | par | son | i mmen si té.

22 Di eu | voit | tout, | co nnaît | tout, mê me | nos | pen sées | les | plus | se-crè tes.

23 Di eu | gou ver ne | tout | par sa | pro vi den ce, | et | il n'a rri ve | ri en | dans | le | mon de | que | par sa | per mi ssi on | ou | par | ses | or-dres.

CHAPITRE III.

DES MYSTÈRES DE LA SAINTE TRINITÉ.

24 Il | n'y | a | qu'un | seul | Di eu, il | est | im po ssi ble | qu'il | y | en | ait | plu si eurs.

25 Il | y | a | trois | per so nnes | en Di eu, | le | Pè re, | le | Fils, | et | le Saint | Es prit.

26 Le | Pè re | est | Di eu, | le Fils est | Di eu, | le | Saint | Es prit | est | Dieu.

27 Ces | trois | per so nnes | sont | bi en | dis tinc tes, | et | ce pen dant | ne | font | qu'un | seul | et | mê me Di eu.

28 Il | n'y | a | au cu ne | de | ces trois | per so nnes | qui | soit | plus | an ci en ne, | plus | gran de | ou | plus pu i ssan te | que | l'au tre, | el les | sont é ga les | en | tou tes | choses.

29 Ces | trois | per so nnes | sont é ga les | en | tou tes | cho ses, | par ce qu' el les | n'ont | qu' u ne | seu le | et mê me | na tu re, | u ne | seule | et | mê me | di vi ni té.

CHAPITRE IV.

DES ŒUVRES DE LA CRÉATION.

---

30 Les | plus | par fai tes | cré a tu res | que | Di eu | ait | cré ées | sont | les an ges | et | les | ho mmes.

31 Les | an ges | sont | de | purs | es prits | des ti nés | spé ci a le ment | à | ser vir | et | à | ex é cu ter | les | or dres de Di eu.

32 Il | y | a | deux | sor tes | d'an ges, les | bons | et | les | mau vais.

33 Les | bons | an ges | sont | ceux | qui | sont | res tés | fi dè les | à Di eu ; ils | ont | mé ri té | d'ê tre | é ter nel le ment | heu reux | dans | le | ci el.

34 Les | bons | an ges | pré sen tent nos | pri è res | à | Di eu, et | un | cer tain nom bre | d'en tr'eux | sont | des ti nés | à | veil ler | sur | nous. | On | les ap pel le | AN GES | GAR DI ENS.

35 Les | mau vais | an ges | sont | ceux | qui, | par | or gueil, | se | sont ré vol tés | con tre | Di eu.

36 L'oc cu pa ti on | des | mau vais an ges | est | de | nous | por ter | au | pé ché | pour | nous | en traî ner | dans leurs | su ppli ces. | De | là | vi ent | le nom | de | Sa tan | qu'on | do nne | au Dé mon, | et | qui | si gni fie | ten ta-teur.

37. L'ho mme | est | une | cré a tu-re | rai so nna ble, | com po sée | d'un corps | et | d'u ne | â me | faits | à | l'i ma ge | de | Di eu.

38 Di eu | a | cré é | l'ho mme | dans un | é tat | de | sain te té | et | de | jus-ti ce ; | mais | mal heu reu se ment | A dam | et É ve, | nos | pre mi ers | pa-rents, | en | fu rent | dé chus | en | dé so bé i ssant | à | Di eu | en | man-geant | du | fru it | dé fen du.

39 Par | su i te | de | cet te | dé so-

bé i ssan ce, ils | fu rent | cha ssés | du | Pa ra dis | ter res tre | et | con da-mnés, | eux | et leurs | des cen dants, aux | mi sè res | de | la vie, | à | la | mort, | à | l'i gno ran ce et | à | la | con cu pis cen ce.

40 Ce pen dant | Di eu | n'a | pas a ban do nné | les | ho mmes | dans | cet | é tat | mal heu reux, | il leur a | pro mis | un | Sau veur, | et | ce lui-ci est | ve nu | pour | les | ra che ter.

CHAPITRE V.

DU MYSTÈRE DE L'INCARNATION.

---

41 C'est | Di eu | le | Fils, | la | se-con de | per so nne | de | la | sain te | Tri ni té, | qui | s'est | fait | ho mme pour | nous.

42 Quand | on | dit | que | le Fils | de Di eu | s'est | fait | ho mme, | on |

en tend | qu'il | a | pris | un | corps | et une | â me | co mme | les | nô tres.

43 Le | Fils | de | Di eu | en | se faisant | ho mme | a | pris | un | corps qui a | é té | for mé | du sang | le | plus | pur | de | la | sain te | Vi er ge | Marie | par | l'o pé ra ti on | du | Saint-Es prit.

44 La | sain te | Vi er ge | est | mère | de | Di eu, | puis que | Jé sus | Christ, | son | Fils, | est | vé ri ta blement | Di eu | et | vé ri ta ble ment | ho mme | tout | en sem ble.

45 En | de ve nant | mè re | de | Di eu, | la | glo ri eu se | Ma rie | n'a pas | ces sé | d'ê tre | vi er ge, | el le | l'a | tou jours | été, | a vant | co mme a près | son | en fan te ment.

46. Le | Fils | de | Di eu | fait | homme | se no mme | Jé sus | Christ.

47 Le | nom | de | Jé sus | veut | di re | Sau veur; | le | nom | de | Christ veut | di re | oint | ou | sa cré.

48 Jé sus | Christ | est | Di eu || et homme | tout | en sem ble ; | car | il | s'est fait | ho mme | sans | ces ser | d'ê tre | Dieu.

49. Il | y | a | deux | na tu res | en | Jé sus | Christ : la | na tu re | di vi ne et | la | na tu re | hu mai ne.

50 Mais | il | n'y | a | en | Jé sus Christ | qu' une | seu le | per so nne, qui | est | cel le | du | Fils | de | Di eu fait | ho mme.

51 Jé sus | Christ | a | été | con çu | le jour | de | l'A nnon ci a ti on, | qui | est | le | vingt | cin qui è me | du | mois de | mars.

52 Jé sus | Christ | est | né | à Bé thlé-em, | dans | u ne | é ta ble, le | jour | de | No ël, qui | est | le | vingt | cin-qui è me | du | mois | de | dé cem bre.

53 Il | a | é té | cir con cis | et | ap-pe lé | Jé sus, | le | pre mi er | jour | de l'an, | qu'on | ap pel le | la | fê te | de la | Cir con ci si on.

54 Jé sus | Christ | a | é té | a do ré | par | les | Ma ges, ve nus | de | l'O ri-ent, le | jour | de | l'É pi pha nie, | qui est | le | si xiè me | jour | du | mois | de | jan vi er.

55. Jé sus | Christ | fut | pré sen té | à | Di eu | son | Pè re | dans | le tem ple, le | jour | de | la | Pré sen ta ti on, | qu'on | a ppel le | au ssi | le | jour | de la | Chan de leur, | qui | est | le | deu-xi è me | de | fé vri er.

56 Jé sus | Christ | fut | bap ti sé | par saint | Jean | Bap tis te, à | l'â ge | de trente | ans.

57. Jé sus | Christ | pas sa | sur | la | ter re | tren te | trois | ans | en vi ron, dans | la | pau vre té, | le tra vail, | l'hu mi li a ti on | et | les | sou ffran-ces.

CHAPITRE VI.

DU MYSTÈRE DE LA RÉDEMPTION.

58 Le | Fils | de | Di eu | s'est | fait ho mme | pour | nous | ra che ter | du | pé ché | et | des | pei nes | de | l'en fer, et | pour | nous | mé ri ter | la | vie | é ter nel le.

59 Le | pé ché | dont | no tre | pre-mi er | pè re | s'est | ren du | cou pa-ble | a | pa ssé | jus qu'à | nous, | et | nous nai ssons | tous | vé ri ta ble ment | pé cheurs.

60 Le | pé ché | a vec | le quel | nous | naissons | s'a ppel le | le | PÉ CHÉ | O RI GI NEL.

61 Jé sus | Christ | nous | a | ra che-tés | par | sa | pa ssi on | et | par | la | mort | qu'il | a | sou ffer te | pour | nous.

62 Jé sus | Christ | est | mort | co-mme | ho mme. | Il | ne pou vait | ni

sou ffrir, | ni | mou rir | co mme | Di eu ; | mais | co mme | Di eu , | il | a | do nné | un | prix | in fi ni | à | ses | sou ffran ces | et | à | sa | mort.

63 Jé sus | Christ | est | mort | le jour | du | Ven dre di | Saint.

CHAPITRE VII.

DES MYSTÈRES QUI ONT SUIVI LA MORT DE JÉSUS-CHRIST.

64 Après la mort de Jésus-Christ, son corps fut mis dans le tombeau, et son âme descendit aux enfers.

65 Par les enfers on entend le lieu où reposaient les âmes des justes morts avant Jésus-Christ, c'est ce lieu qu'on appelle les LIMBES.

66 Le corps de Jésus-Christ ne demeura que trois jours dans le tombeau, puis il ressuscita glorieux.

67 Le jour de la résurrection s'appelle le saint jour de Pâques.

68 Après la résurrection Jésus-Christ est encore resté quarante jours sur la terre.

69 Jésus-Christ monta au ciel en présence de ses disciples le jour de l'Ascension.

70 Jésus-Christ, dans le ciel, est assis à la droite de Dieu son Père, ce qui signifie que comme Dieu il est égal à son Père, et que comme homme il est au-dessus de toutes les créatures.

71 Jésus-Christ, comme Dieu, est partout; mais comme homme il n'est qu'au ciel et au Très-Saint Sacrement de l'autel.

CHAPITRE VIII.

DU JUGEMENT.

72 Jésus-Christ viendra à la fin du monde plein de gloire et de majesté pour juger les vivants et les morts.

73 Outre le jugement général, il y en a encore un autre qu'on appelle le jugement particulier, qui se fait aussitôt que l'âme est séparée du corps.

CHAPITRE IX.

DU SAINT-ESPRIT.

74 Jésus-Christ a envoyé le Saint-Esprit à son Église le jour de la Pentecôte, dix jours après son ascension.

75 Le Saint-Esprit est la troisième personne de la sainte Trinité procédant du Père et du Fils et étant de la même nature qu'eux.

76 Le Saint-Esprit a été envoyé par Jésus-Christ à son Eglise pour la SANCTIFIER et la conduire jusqu'à la fin des siècles : c'est pour cela qu'il est appelé SAINT.

CHAPITRE X.

DE L'ÉGLISE.

77 L'Eglise est la société des fidèles qui font profession de la foi de Jésus-Christ sous la conduite des pasteurs

légitimes et surtout de notre Saint-Père le Pape.

78 Le chef invisible de l'Église est Notre Seigneur Jésus-Christ, mais le chef visible est notre Saint-Père le Pape, vicaire de Jésus-Chrit sur la terre et successeur de saint Pierre.

79 Il n'y a qu'une véritable Église, hors laquelle il n'y a point de salut.

80 L'Église romaine a seule les quatre marques distinctives de la véritable Église.

81 Les quatre marques de la véritable Eglise sont d'être une, sainte, catholique, apostolique.

82 L'Église est une, parce que tous les fidèles qui la composent n'ont qu'un même chef, une même doctrine; parce qu'ils participent aux mêmes sacrements et aux mêmes biens spirituels.

83 L'Église est sainte, parce que ses

doctrines et ses sacrements sont saints; qu'il n'y a de saints que dans sa société, et que Jésus-Christ, son chef, est le principe et la source de toute sainteté.

84 L'Église est catholique, c'est-à-dire universelle, parce qu'elle est établie pour tous les temps, pour tous les hommes, et qu'elle est répandue dans le monde entier.

85 L'Église est apostolique, parce que ce sont les Apôtres qui l'ont fondée; parce qu'elle est gouvernée par le Pape et les évêques, qui sont les successeurs des Apôtres; parce qu'elle croit et enseigne la doctrine des Apôtres.

86 L'Église est appelée romaine, parce qu'elle a été établie à Rome par l'apôtre saint Pierre; parce qu'elle reconnaît le siége de Rome pour le centre de l'unité.

87 Ceux qui font mépris de l'Église, c'est-à-dire les hérétiques, les schismatiques et les excommuniés, ne peuvent être sauvés.

CHAPITRE XI.

DE LA COMMUNION DES SAINTS ; DE LA RÉMISSION DES PÉCHÉS, DE LA RÉSURRECTION DE LA CHAIR.

88 On entend par la Communion des Saints, que tous les fidèles étant frères et membres d'un même corps, qui est l'Église, il y a entr'eux communion de biens spirituels.

89 Les biens spirituels de l'Église sont les Sacrements, le saint Sacrifice de la Messe, les bonnes œuvres et les prières des Saints du ciel et de la terre.

90 Par les Saints, il faut entendre les bienheureux qui sont dans le ciel,

les fidèles qui sont encore sur la terre, et les âmes du purgatoire, parce qu'ils sont appelés à être saints.

91 Le Purgatoire est un lieu de souffrances où les âmes des justes achèvent, avant d'entrer en paradis, d'expier les peines dues à leurs fautes.

92 Il y a communion de biens spirituels entre les fidèles de la terre et les Saints du ciel, en ce que nous prions les Saints, que nous participons à leurs mérites et qu'ils intercèdent pour nous.

93 Il y a communion entre les fidèles de la terre et les âmes du purgatoire, en ce que nous pouvons secourir ces âmes par nos prières, par nos bonnes œuvres et principalement par le saint Sacrifice de la Messe.

94 Il y a également communion entre tous les fidèles qui sont sur la terre, en ce que chacun d'eux parti-

cipe, suivant ses mérites, aux prières et aux bonnes œuvres qui se font dans toute l'étendue de l'Église.

95 On entend par la Rémission des péchés, que Jésus-Christ a donné à son Église, PAR LE MOYEN DES SACREMENTS DE BAPTÊME ET DE PÉNITENCE, le pouvoir de remettre toute sorte de péchés.

96 On entend par la Résurrection de la chair, que tous les morts ressusciteront à la fin du monde pour être jugés selon leurs œuvres : les bons ressusciteront dans un état de gloire et pour être heureux, et les méchants, dans un état d'horreur et pour souffrir,

CHAPITRE XII.

DE LA VIE ÉTERNELLE.

97 On entend par la Vie éternelle, que les bons seront éternellement heu-

reux et que les méchants seront éternellement malheureux.

98 Le Paradis est un lieu de délices où ceux qui meurent en état de grâce, voyant Dieu, l'aimant et le possédant, jouissent d'un bonheur parfait et éternel.

99 L'Enfer est un lieu de tourments où Dieu punit éternellement les Démons et ceux qui meurent en péché mortel.

DEUXIÈME PARTIE.

CE QUE NOUS DEVONS CROIRE ET ÉVITER.

CHAPITRE PREMIER.

DES COMMANDEMENTS DE DIEU EN GÉNÉRAL.

100. Pour arriver à la vie éternelle, il ne suffit pas de croire les vérités contenues dans le Symbole des apôtres, il faut encore observer avec fidélité les commandements de Dieu et de l'Église.

101. Il y a dix commandements de Dieu, qu'on appelle le Décalogue. Les voici :

102. 1 Un seul Dieu tu adoreras,
Et aimeras parfaitement.
2 Dieu en vain tu ne jureras,
Ni autre chose pareillement.
3 Les dimanches tu garderas,
En servant Dieu dévotement.
4 Tes père et mère honoreras,
Afin de vivre longuement.
5 Homicide point ne seras,
De fait ni volontairement.

6 Luxurieux point ne seras,
De corps ni de consentement.
7 Le bien d'autrui tu ne prendras,
Ni retiendras a ton escient.
8 Faux témoignage ne diras,
Ni mentiras aucunement.
9 L'œuvre de chair ne désireras,
Qu'en mariage seulement.
10 Biens d'autrui ne convoiteras,
Pour les avoir injustement.

CHAPITRE II.

DU PREMIER COMMANDEMENT DE DIEU.

103. Le premier commandement nous ordonne d'adorer Dieu, c'est-à-dire de reconnaître qu'il est notre souverain Seigneur, et de l'aimer souverainement lui seul.

104. Le premier commandement nous ordonne encore de croire en Dieu, d'espérer en lui.

105. Le premier commandement de Dieu nous défend tout ce qui est contraire à la foi, à l'espérance et à l'amour de Dieu, et par conséquent l'idolâtrie, le sacrilége et la superstition.

106. On pèche par idolâtrie en rendant à des créatures le culte qui n'est dû qu'à Dieu seul.

107. On pèche par sacrilége, en profanant les choses saintes ou consacrées à Dieu, comme les sacrements, les églises, les vases sacrés, etc.

108. On pèche par superstition, en mettant sa confiance en certaines paroles, pratiques et observances qui n'ont, ni par elles-mêmes, ni par l'institution de Dieu ou de l'Église, la vertu de produire l'effet qu'on en attend.

109. On pèche contre la foi, 1° en ne croyant pas toutes les vérités que l'Église enseigne ; 2° en ne manifestant pas la foi lorsqu'on y est obligé ; 3° en négligeant de s'instruire des vérités qu'on est obligé de croire.

110. On pèche contre l'espérance, 1° en présumant trop de la bonté de Dieu sans faire aucun effort pour observer ses commandements ; 2° en désespérant, vu l'énormité des fautes qu'on a commises, de pouvoir être sauvé.

111. On pèche contre l'amour de Dieu, 1° en ne l'aimant pas de tout son cœur et par-dessus toutes choses ; 2° en montrant de la haine contre lui.

CHAPITRE III.

DU SECOND COMMANDEMENT DE DIEU.

112. Le second commandement nous défend de

proférer le nom de Dieu, 1° en le prenant en vain ; 2° en faisant de mauvais jurements ; 3° en blasphémant ; 4° en faisant abus ou violation des vœux.

113. Jurer ou faire un serment, c'est prendre Dieu à témoin de ce qu'on assure ou de ce qu'on promet.

114. Le jurement peut être mauvais de trois manières : 1° en jurant contre la vérité ; ce qu'on appelle parjure ; 2° en jurant selon la vérité, mais sans nécessité ; 3° en jurant de faire quelque mauvaise action.

115. Le blasphème est une parole injurieuse dite contre Dieu, ou contre les saints, ou contre la religion.

116. On entend par imprécations ou malédictions, de se souhaiter du mal à soi-même, ou au prochain, ou même aux animaux et aux choses inanimées.

117. Le vœu est une promesse faite à Dieu, par laquelle on s'oblige à faire quelqu'action de piété.

CHAPITRE IV.

DU TROISIÈME COMMANDEMENT DE DIEU.

118. Le troisième commandement nous oblige à

sanctifier le dimanche, qui est le jour du Seigneur ; à nous abstenir de toute œuvre servile, et à vaquer au service de Dieu.

119. On entend par œuvres serviles les travaux que font les gens de métier pour gagner leur vie.

120. On vaque au service de Dieu les dimanches, en assistant à la sainte Messe et aux Offices divins, en entendant la parole de Dieu et en pratiquant d'autres bonnes œuvres.

121. Ceux qui passent ce saint jour en débauches, en danses et autres semblables divertissements, ne sanctifient pas le dimanche.

CHAPITRE V.

DU QUATRIÈME COMMANDEMENT DE DIEU.

122. Le quatrième commandement nous ordonne d'aimer et de respecter nos parents, nos maîtres, nos maîtresses et nos autres supérieurs, de leur obéir, de les assister dans leurs besoins spirituels et temporels, et de prier pour eux.

123. Le quatrième commandement comprend, en outre les devoirs des pères et mères envers leurs enfants et des supérieurs à l'égard de leurs inférieurs.

124. Les parents doivent aimer leurs enfants, les entretenir, les instruire, les élever chrétiennement, les reprendre et les corriger de leurs défauts, leur donner de bons exemples, et les soigner selon leur état.

125. Les supérieurs doivent, en quelque sorte, à leurs inférieurs ce que les parents doivent à leurs enfants.

126. Les maîtres et maîtresses doivent veiller à ce que leurs serviteurs, leurs servantes, et leurs ouvriers servent Dieu. Ils sont obligés de les nourrir et de leur payer leur salaire.

CHAPITRE VI.

DU CINQUIÈME COMMANDEMENT DE DIEU.

127. Le cinquième commandement défend de porter une main homicide sur soi-même et sur les autres.

128. Le cinquième commandement défend en outre la haine, la colère, la vengeance, l'envie, et tout désir de faire du mal à son prochain.

129. Quand on a offensé le prochain, qu'on lui a fait du tort, on est obligé de faire tout ce qu'on peut pour se réconcilier avec lui et pour réparer le préjudice qu'on lui a causé.

130. Dieu nous ordonne d'aimer ceux qui nous offensent et qui nous persécutent, de prier pour eux, et d'être dans la disposition de leur faire du bien.

131. Le cinquième commandement nous défend aussi de porter le prochain à offenser Dieu, soit par de mauvaises paroles, soit par de mauvais exemples: ce qui s'appelle SCANDALE.

CHAPITRE VII.

DU SIXIÈME COMMANDEMENT DE DIEU.

---

132. Par le sixième commandement, Dieu nous défend tous les péchés contraires à la pureté, qui se commettent par paroles ou par actions.

133. L'impureté est un si grand péché, que, pour le punir, Dieu a fait descendre le feu du ciel.

134. Pour éviter le péché horrible d'impureté, il faut surtout fuir l'oisiveté et les autres occasions, mortifier ses sens, recourir à la prière et fréquenter les sacrements.

135. Les occasions les plus ordinaires de l'impureté sont les excès dans le boire et dans le manger, l'immodestie, l'oisiveté, les mauvaises compagnies, la lecture des livres dangereux, les danses et les spectacles profanes.

CHAPITRE VIII.

DU SEPTIÈME COMMANDEMENT DE DIEU.

136. Le septième commandement nous défend de prendre, de retenir injustement ce qui appartient au prochain, et de lui causer aucun dommage, soit dans ses biens, soit dans sa réputation.

137. On peut prendre le bien d'autrui, par violence; par larcin, en dérobant en secret; par fraude, en trompant dans les ventes, dans les achats ou dans les autres commerces ; par procès ou jugements injustes ; par usure.

138. Ceux qui ont causé du dommage au prochain en quelque manière que ce soit, ou qui y ont participé, sont obligés à restituer, et à réparer le tort qu'ils ont causé.

139. Les enfants qui dérobent même à leurs parents, offensent Dieu, et sont obligés à la restitution.

140. Il n'est pas permis d'acheter ce qu'on sait avoir été dérobé, soit par des enfants ou domestiques, soit par d'autres personnes; et ceux qui achètent ce qui a été volé sont obligés de le restituer.

141. Quand on ne sait à qui appartient ce qu'on retient injustement, il faut prendre l'avis d'un sage directeur et le suivre ponctuellement.

142. Quand on n'a pas le moyen de rendre le tout, ou qu'on n'a qu'une partie de ce qu'on est obligé de restituer, il faut rendre ce que l'on peut, et attendre, pour le reste, qu'on ait la possibilité ou le moyen de le faire.

CHAPITRE IX.

DU HUITIÈME COMMANDEMENT DE DIEU.

143. Par le huitième commandement, Dieu nous défend le faux témoignage, c'est-à-dire tout faux rapport et toute déposition faite en justice contre la vérité.

144. Dieu nous défend encore le jugement téméraire, la médisance, la calomnie, et toutes sortes de mensonges.

145. Le jugement téméraire est l'opinion portée sur le prochain, sans être fondée sur des preuves réelles.

146. La médisance est la révélation des défauts ou des fautes non publiques du prochain.

147. La calomnie est l'imputation faite au prochain d'une mauvaise action qu'il n'a pas commise, d'un défaut ou d'un vice qu'il n'a pas.

148. Celui qui a fait tort à son prochain par médisance ou par calomnie, est obligé de réparer au plus tôt le dommage qu'il lui a causé.

149. Le mensonge est une parole, une action ou un signe, dont on se sert dans l'intention de faire croire le contraire de ce qu'on sait être la vérité.

150. Tout mensonge est un péché, même celui qu'on commet pour s'excuser ou pour faire plaisir à quelqu'un.

CHAPITRE X.

DU NEUVIÈME ET DU DIXIÈME COMMANDEMENT DE DIEU.

151. Dieu nous défend par le neuvième commandement tous les désirs et toutes les pensées contraires à la pureté.

152. Le seul désir des choses déshonnêtes est un péché, quand bien même on ne l'exécuterait pas.

153. C'est un péché d'avoir des pensées déshonnêtes, quand on y a donné occasion par sa faute, qu'on y prend plaisir ou qu'on y consent.

154. Le dixième commandement nous défend tout désir injuste du bien d'autrui, et tout amour déréglé des richesses, des biens de ce monde. Il nous oblige à nous contenter de notre position, et à ne pas porter envie au bonheur des autres.

CHAPITRE XI.

DES COMMANDEMENTS DE L'ÉGLISE EN GÉNÉRAL.

155. Jésus-Christ a donné à l'Église le pouvoir de faire des commandements, et il nous a ordonné de lui obéir.

156. Jésus-Christ a revêtu de ce pouvoir notre Saint-Père le Pape et les Evêques, successeurs des Apôtres.

157. Il y a six principaux commandements de l'Église, les voici :

1 Les fêtes tu sanctifieras,
Qui te sont de commandement.
2 Les dimanches messe ouiras,
Et les fêtes pareillement.
3 Tous tes péchés confesseras,
A tout le moins une fois l'an.
4 Ton créateur tu recevras,
Au moins a Paques humblement.
5 Quatre-temps, vigiles, jeuneras,
Et le carême entièrement.
6 Vendredi chair ne mengeras,
Ni le samedi mêmement.

CHAPITRE XII.

DU PREMIER ET DU SECOND COMMANDEMENT DE L'ÉGLISE.

---

158. L'Église, par son premier commandement, nous ordonne de sanctifier les fêtes commandées, et de vaquer au service divin, comme le dimanche.

159. Les principales fêtes commandées sont : Noël, l'Ascension, l'Assomption et la Toussaint.

160. Par son second commandement, l'Église nous ordonne d'assister avec piété et attention à la sainte Messe, les dimanches et les fêtes de commandement.

161. On doit, autant qu'on peut, assister à la messe de paroisse, parce que les fidèles d'une même paroisse se réunissant en un même corps, sous le même pasteur, leurs prières en sont plus efficaces ; parce qu'ils entendent avec plus de fruit les instructions de la bouche de celui que Dieu a établi pour leur annoncer les vérités de la religion ; enfin, parce qu'on y est averti des jours de jeûne, de fête, et des autres choses dont il est nécessaire d'être instruit.

162. Les pères et mères, les maîtres et les maîtresses, qui n'ont pas le soin de faire entendre la sainte Messe à leurs enfants et à leurs domestiques,

et de les envoyer à l'instruction, pèchent contre ce commandement, et ils en répondent devant Dieu.

CHAPITRE XIII.

DU TROISIÈME ET DU QUATRIÈME COMMANDEMENT DE L'ÉGLISE.

163. Le troisième commandement de l'Église nous oblige de nous confesser au moins une fois l'année à notre curé, ou à un autre prêtre approuvé.

164. Ceux qui ont un véritable désir d'arriver à la vie éternelle, doivent se confesser plus souvent.

165. Les enfants parvenus à l'âge de discrétion, c'est-à-dire qui comprennent qu'ils offensent Dieu et qui savent quand ils l'offensent, sont obligés de se confesser.

166. L'Église ordonne par le quatrième commandement de communier pendant le temps pascal, dans notre paroisse, avec les dispositions requises.

167. Les véritables chrétiens reçoivent plus souvent le saint Sacrement de l'autel, parce que Jésus-Christ a dit : « Celui qui mangera ce pain vivra éternellement. »

168. Ceux qui négligent leur devoir pascal, commettent une grande faute ; et ceux qui, faute de

dispositions nécessaires ou par d'autres motifs, font une communion indigne, commettent un énorme sacrilége.

169. Quand les enfants sont suffisamment instruits des vérités de la foi, qu'ils sont capables d'apprécier l'acte auguste de l'Eucharistie, ils doivent faire leur première communion.

CHAPITRE XIV.

DES DEUX DERNIERS COMMANDEMENTS DE L'ÉGLISE.

170. Le cinquième commandement de l'Église nous ordonne de jeûner les Quatre-Temps, les Vigiles ou veilles de certaines fêtes, et tous les jours du Carême, à l'exception du dimanche.

171. Le jeûne, qui consiste à ne faire qu'un repas vers l'heure de midi, et le soir une légère collation, est obligatoire pour tous ceux qui ont vingt-un ans accomplis.

172. Ceux qui ne peuvent jeûner sans nuire notablement à leur santé ou à leur état, peuvent en être dispensés par leur confesseur ou le curé de leur paroisse.

173. L'Église a institué le jeûne du Carême pour honorer le jeûne de Jésus-Christ, nous faire faire pénitence de nos péchés, et nous disposer à la fête de Pâques.

174. L'Église a institué le jeûne des Quatre-Temps pour consacrer à Dieu par la pénitence les quatre saisons de l'année, pour obtenir de bons prêtres, et pour demander la bénédiction du Ciel sur les fruits de la terre.

175. L'Église nous fait jeûner la veille de certaines fêtes pour mieux nous disposer à les célébrer saintement.

176. L'Église nous ordonne par le sixième commandement de nous abstenir de viande les vendredis et les samedis.

177. Cette abstinence nous est prescrite pour honorer par la pénitence la mémoire de la mort et de la sépulture de Jésus-Christ.

178. On doit encore s'abstenir de manger de la viande tous les jours de jeûne, les dimanches pendant le Carême, les trois jours de Rogations.

179. En nous interdisant les aliments gras pour certains jours déterminés, l'Église ne prétend pas nous faire regarder ces aliments comme mauvais en eux-mêmes, puisque toutes les créatures sont l'ouvrage de Dieu; ni ces jours comme malheureux, puisque tous les jours de notre vie nous sont donnés par la bonté divine. Mais, en nous obligeant à nous abstenir quelquefois de certaines choses qui seraient permises de leur nature, l'Église veut nous faire sentir la dépendance habituelle où nous

sommes de Dieu; elle nous donne un moyen d'expier la facilité avec laquelle nous nous sommes trop souvent permis des choses défendues. Par cette sage tempérance qu'elle nous fait pratiquer, elle nous habitue à nous rendre maîtres de nous-mêmes; et, en nous apprenant, par de légères privations, à résister à nos désirs dans des choses qui paraîtraient moins importantes, elle nous exerce à les combattre avec plus de facilité dans celles qui demanderaient plus de force et plus de vertu.

CHAPITRE XV.

DES VERTUS CHRÉTIENNES.

---

180. Une vertu est l'inclination de notre âme qui nous porte vers le bien.

181. Les vertus chrétiennes par lesquelles il faut s'attacher à Dieu, sont de deux sortes : les unes sont appelées théologales, parce qu'elles ont directement et immédiatement Dieu pour objet ; les autres sont appelées cardinales, parce qu'elles sont comme le fondement des autres vertus morales qui règlent nos mœurs, nos actions, notre conduite, et les rendent agréables à Dieu.

182. Les vertus théologales ou divines sont : la Foi, l'Espérance, et la Charité.

CHAPITRE VI.

DE LA FOI.

183. La Foi est une vertu surnaturelle par laquelle nous croyons fermement tout ce que Dieu a révélé et qu'il nous propose de croire par son Église.

184. Quoique souvent nous ne le comprenions pas, nous devons croire tout ce que Dieu a révélé, parce que Dieu est la vérité même, qu'il ne peut ni se tromper, ni nous tromper.

185. Nous devons croire tout ce que l'Église nous enseigne, parce que l'Église est infaillible ; puisqu'elle est conduite par le Saint-Esprit.

Acte de Foi.

186. MON DIEU, JE CROIS FERMEMENT TOUT CE QUE CROIT ET ENSEIGNE L'ÉGLISE CATHOLIQUE, PARCE QUE VOUS, QUI ÊTES LA VÉRITÉ MÊME, LE LUI AVEZ RÉVÉLÉ.

CHAPITRE XVII.

DE L'ESPÉRANCE.

187. L'Espérance est une vertu par laquelle nous attendons avec confiance, de la bonté de Dieu,

le salut éternel qui doit être la fin de tous nos désirs, et les grâces dont nous avons besoin pour y arriver.

188. Notre espérance est fondée sur les promesses de Dieu et sur les mérites de Jésus-Christ.

Acte d'Espérance.

189. MON DIEU, J'ESPÈRE AVEC UNE FERME CONFIANCE, PAR LES MÉRITES DE JÉSUS-CHRIST, VOTRE GRACE EN CE MONDE, ET VOTRE GLOIRE EN L'AUTRE ; PARCE QUE VOUS ME L'AVEZ PROMIS, ET QUE VOUS ÊTES SOUVERAINEMENT FIDÈLE DANS VOS PROMESSES.

CHAPITRE XVIII.

DE LA CHARITÉ.

---

190. La Charité est une vertu par laquelle nous aimons Dieu pour lui-même, par dessus tout, et le prochain à l'égal de nous-mêmes, pour l'amour de Dieu.

191. Aimer Dieu pour lui-même, c'est l'aimer pour ses infinies perfections.

192. Aimer Dieu par-desus tout, c'est attacher son cœur à lui plus qu'à tout ce qui est au monde, et être dans la disposition de mourir plutôt que de l'offenser.

193. On prouve que l'on aime Dieu, lorsqu'on observe ses commandements et ceux de son Église, et qu'on empêche qu'il soit offensé.

194. On aime son prochain à l'égal de soi-même, lorsqu'on désire pour lui et qu'on fait tous ses efforts pour lui procurer les mêmes biens qu'à soi-même.

195 Il faut donc exercer envers le prochain les œuvres de miséricorde, faire l'aumône suivant nos moyens ; visiter et soulager les malades, les affligés et les prisonniers ; instruireles ignorants, corriger les pécheurs, donner de bons conseils à ceux qui en ont besoin ; prier Dieu pour les vivants et pour les morts ; supporter les défauts d'autrui ; pardonner à nos ennemis et les aimer.

Acte de charité.

196 MON DIEU, JE VOUS AIME DE TOUT MON CŒUR, DE TOUTE MON AME, DE TOUTES MES FORCES, PAR-DESSUS TOUTES CHOSES, PARCE QUE VOUS ÊTES INFINIMENT BON, INFINIMENT AIMABLE, ET J'AIME MON PROCHAIN COMME MOI-MÊME POUR L'AMOUR DE VOUS.

CHAPITRE XIX.

DES VERTUS CARDINALES ET MORALES.

197 Il y a quatre vertus cardinales, la Prudence, la Force, la Justice et la Tempérance.

198 La Prudence chrétienne est une vertu qui nous fait connaître et choisir les moyens les plus propres pour faire le bien et éviter le péché.

199 La force est une vertu qui nous fait surmonter tous les obstacles qui s'opposent à l'accomplissement de nos devoirs et qui nous porte à tout souffrir plutôt que d'offenser Dieu.

200 La Justice est une vertu qui nous fait rendre à chacun ce qui lui est dû.

201 La Tempérance est une vertu qui nous fait user avec sagesse et modération des biens temporels.

202 Il y a encore d'autres vertus morales ; les principales sont : la Religion, l'Humilité, la Patience, l'Obéissance, la Chasteté.

203 La Religion, qui est la plus excellente des vertus morales, nous porte à rendre à Dieu le culte qui lui est dû.

204 L'Humilité est une vertu qui nous fait concevoir le sentiment de notre propre faiblesse, et nous porte à nous anéantir devant Dieu, et à nous mépriser nous-mêmes.

205 La Patience est une vertu qui nous porte à souffrir les maux de cette vie avec résignation, suivant la volonté de Dieu.

206 L'Obéissance est une vertu qui nous rend

soumis à Dieu et à tous ceux qu'il a établis pour êtr nos supérieurs.

207 La Chasteté est une vertu qui nous éloign des plaisirs contraires à la pureté.

CHAPITRE XX.

DU PÉCHÉ EN GÉNÉRAL.

208 Le Péché est tout ce qui est contre les commandements de Dieu et de l'Eglise.

209 Il y a deux sortes de péchés : le péché originel et le péché actuel.

210 Le péché originel est celui que nous apportons en venant au monde et dont notre premiei père Adam nous a rendus coupables par sa désobéissance.

211 Les suites funestes du péché originel sont : l'Ignorance, la Concupiscence ou l'inclination au mal, les misères de la vie, la nécessité de mourir.

212 Le péché actuel est celui que nous commettons volontairement après avoir atteint l'âge de raison.

213 On commet le péché actuel par pensée, par parole, par action, par omission ou par négligence.

214 Il y a deux sortes de péchés actuels : le péché mortel et le péché véniel.

215 Le péché mortel est celui qui nous fait perdre la grâce de Dieu et qui nous rend dignes des supplices de l'enfer.

216 On l'appelle mortel, parce qu'il donne la mort à notre âme en lui faisant perdre la grâce sanctifiante, qui est sa vie surnaturelle.

217 Ce péché rend l'homme ennemi de Dieu, l'objet de sa colère, l'esclave du démon, et lui fait perdre le mérite de ses bonnes œuvres. Pour être damné, il suffit d'en commettre un seul.

218 Le péché véniel ne nous fait pas perdre entièrement la grâce sanctifiante, mais il l'affaiblit en nous. Ce péché déplaît à Dieu et dispose au péché mortel. On en est puni en ce monde par des peines temporelles, ou dans l'autre par les flammes du purgatoire.

CHAPITRE XXI.

DES PÉCHÉS CAPITAUX.

Il y a sept péchés qu'on appelle capitaux, parce qu'ils sont la source de plusieurs autres, ce sont : l'Orgueil, l'Avarice, la Luxure, l'Envie, la Gourmandise, la Colère, la Paresse.

220 L'Orgueil est une estime excessive de soi-même, qui fait qu'on veut s'élever au-dessus des autres et qui engendre l'Ostentation, la Présomption, l'Ambition, l'Hypocrisie, la Désobéissance.

221 La vertu opposée à l'Orgueil est l'Humilité.

222 L'Avarice est un amour déréglé des biens de la terre et surtout de l'argent.

223 La vertu opposée à l'Avarice est le détachement des biens de ce monde.

224 La Luxure est une affection criminelle pour les plaisirs contraires à la pureté.

225 La vertu opposée à la Luxure est la Chasteté.

226 L'Envie est une tristesse désordonnée du bonheur des autres, ou une joie du mal qui survient au prochain.

227 La vertu opposée à l'Envie est la Charité chrétienne.

228 La Gourmandise est un amour intempéré du boire et du manger.

229 La vertu opposée à la Gourmandise est la Sobriété.

230 La Colère est une émotion déréglée qui nous porte à nous opposer avec violence à ce qui nous déplaît.

231 Les vertus opposées à la Colère sont la Douceur et la Patience.

232 La Paresse est un dégoût volontaire des exercices de piété et des devoirs de notre état.

233 La vertu opposée à la Paresse est la Vigilance.

TROISIÈME PARTIE.

CE QUE NOUS DEVONS RECEVOIR ET DEMANDER.

CHAPITRE PREMIER.

DE LA GRACE.

234. La Grâce est un don que Dieu nous accorde par sa pure bonté, en vue des mérites de Jésus-Christ, pour opérer notre salut.

235. Il y a deux sortes de Grâces : la Grâce sanctifiante ou habituelle, et la Grâce actuelle.

236 La Grâce habituelle est celle qui nous sanctifie, nous rend justes et agréables à Dieu, et, par là, dignes de la vie éternelle. On la possède quand on est exempt de péché mortel.

237. La Grâce actuelle est un secours par lequel Dieu nous excite et nous aide à faire le bien et éviter le mal

238. Nous pouvons obtenir la Grâce par les Sacrements, la Prière, et les bonnes œuvres.

CHAPITRE II.

DES SACREMENTS EN GÉNÉRAL.

239. Un Sacrement est un signe sensible institué par notre Seigneur Jésus-Christ pour nous sanctifier.

240. Il y a sept Sacrements, savoir: le Baptême, la Confirmation, la Pénitence, l'Eucharistie, l'Extrême-Onction, l'Ordre et le Mariage.

241. On peut recevoir chaque Sacrement plusieurs fois, excepté le Baptême, la Confirmation et l'Ordre, qui impriment une marque spirituelle et ineffaçable, par laquelle nous sommes consacrés à Dieu d'une manière toute particulière.

CHAPITRE III.

DU BAPTÊME.

242. Le Baptême est un Sacrement qui nous régénère, c'est-à-dire qu'il nous fait renaître en Jésus-Christ en effaçant le péché originel et nous donnant la vie spirituelle. Ce Sacrement nous rend chrétiens, enfants de Dieu et de l'Église.

243. Le Sacrement de Baptême efface non-seulement le péché originel, mais encore tous les péchés actuels que l'on aurait commis, et remet même toute la peine qui leur est due.

244. Ce Sacrement est si nécessaire au salut, que les enfants mêmes ne peuvent être sauvés sans le recevoir.

245. Par le Baptême, il se forme entre Dieu et l'homme un contrat par lequel Dieu s'engage à traiter le nouveau chrétien comme son enfant d'adoption, et celui-ci, de son côté, s'engage à croire en Jésus-Christ et à renoncer au Démon, à ses pompes, c'est-à-dire, aux maximes et aux vanités du monde; à ses œuvres, c'est-à-dire, au péché et à tout ce qui peut y porter.

246. Pour baptiser, il faut verser de l'eau naturelle sur la tête de la personne que l'on baptise, et dire en même temps ces paroles : « Je te baptise, au nom du Père, du Fils, du Saint-Esprit. »

247. En cas de nécessité, toute personne peut baptiser, pourvu qu'elle ait la volonté d'exécuter les prescriptions de l'Église.

CHAPITRE IV.

DE LA CONFIRMATION.

248. La Confirmation est un Sacrement qui nous donne le Saint-Esprit avec l'abondance de ses grâces, pour nous rendre parfaits chrétiens, et pour nous donner la force de confesser fidèlement la foi de Jésus-Christ, fût-ce même aux dépens de notre vie.

249. Les seuls Evêques, successeurs des Apôtres, ont le pouvoir de donner le Sacrement de Confirmation

250. L'Evêque, en donnant la Confirmation, fait d'abord l'imposition des mains, en suppliant le Seigneur de faire descendre le Saint-Esprit sur ceux qu'il confirme ; puis il fait l'onction du Saint-Chrême sur le front de chaque confirmand en forme de croix, en disant : « Je te marque du signe du salut, et je te confirme du chrême du salut, au nom du Père, et du Fils, et du Saint-Esprit. » L'onction étant faite, l'Evêque donne un petit soufflet au confirmé en disant : « La paix soit avec vous. »

251. Le Saint-Chrême est une liqueur bénite par l'Evêque le Jeudi-Saint, et composée d'huile d'olives et de baume.

252. L'huile marque l'abondance, la douceur et la force de la grâce que répand le Saint-Esprit sur celui qui est confirmé.

253. Le baume marque que le confirmé doit être la bonne odeur de Jésus-Christ, c'est-à-dire, qu'il doit édifier par sa bonne conduite et ses bons exemples

254. L'Évêque fait l'onction en forme de croix, pour nous apprendre à nous glorifier de la croix de Jésus-Christ et à souffrir avec lui.

255. Cette onction est faite sur le front, pour nous apprendre que nous devons confesser hardiment la foi de Jésus-Christ, et ne pas rougir de son Evangile.

256. Le soufflet nous apprend que nous devons souffrir avec patience les affronts, les mépris, et la mort même, si cela est nécessaire, pour la défense de la Foi de Jésus-Christ.

257. Pour bien recevoir le Sacrement de Confirmation, il faut être en état de grâce, être instruit des principaux mystères de la Religion, et s'y préparer par la prière et par d'autres bonnes œuvres.

258. Le Sacrement de Confirmation n'est pas absolument nécessaire au salut; mais ceux qui négligent de le recevoir, se privent de beaucoup de grâces.

CHAPITRE V.

DE LA PÉNITENCE.

---

259. La Pénitence est un Sacrement qui remet les péchés commis après le Baptême.

260. Jésus-Christ a institué le sacrement de Pénitence lorsqu'il a donné à ses Apôtres le pouvoir de remettre et de retenir les péchés, en leur disant : « Les péchés seront remis à qui vous les remettrez, et ils seront retenus à qui vous les retiendrez. »

261. Le sacrement de Pénitence est absolument nécessaire à tous ceux qui, après leur Baptême, sont tombés en quelque péché mortel.

262. Il y a trois parties dans le sacrement de Pénitence : la Contrition, la Confession et la Satisfaction.

CHAPITRE VI.

DE LA CONTRITION.

263. La Contrition est une douleur et un regret d'avoir offensé Dieu, avec un ferme propos de ne plus retomber dans les fautes qu'on a commises, et de satisfaire à la justice divine.

264. La Contrition, pour être bonne, doit être intérieure, surnaturelle, souveraine et universelle.

265. La Contrition est intérieure, quand elle est dans le cœur, et non pas seulement sur les lèvres.

266. La Contrition est surnaturelle, quand elle est excitée en nous par un mouvement du Saint-Esprit, et fondée sur des motifs que la foi nous propose, et non sur des motifs naturels.

267. La Contrition est souveraine, quand nous sommes plus affligés de l'offense que nous avons faite à Dieu que de tous les maux du monde.

268. La Contrition est universelle, quand elle s'étend sur tous les péchés qu'on a commis, ou au moins sur les péchés mortels.

369. Il y a deux sortes de Contritions : la Contrition parfaite, qui est produite en nous par le mouvement de l'amour de Dieu par-dessus toutes choses, pour lui-même ; et la Contrition imparfaite, causée par la crainte de l'Enfer ou par d'autres motifs surnaturels. Cette Contrition imparfaite s'appelle Attrition.

270. Pour que la Contrition imparfaite puisse nous dis-

poser à recevoir le pardon de nos péchés, il faut qu'elle soit accompagnée de la volonté de ne plus pécher, de l'espérance du pardon, et d'un commencement d'amour de Dieu, comme source de toute justice.

Acte de Contrition.

271. MON DIEU, J'AI UN EXTRÊME REGRET DE VOUS AVOIR OFFENSÉ, PARCE QUE VOUS ÊTES INFINIMENT BON, INFINIMENT AIMABLE, ET QUE LE PÉCHÉ VOUS DÉPLAIT ; JE FAIS UN FERME PROPOS, MOYENNANT VOTRE SAINTE GRACE, DE NE PLUS VOUS OFFENSER ET DE FAIRE PÉNITENCE.

CHAPITRE VII.

DE LA CONFESSION.

272. La Confession est une accusation de tous ses péchés faite à un prêtre approuvé, pour en recevoir l'absolution.

273. Il faut s'accuser de tous les péchés mortels dont on se souvient; pour les péchés véniels, quoiqu'il soit très-utile de les confesser, cependant ce n'est pas une obligation.

274. La Confession doit être humble, c'est-à-dire, qu'on doit s'accuser de ses péchés avec une confusion salutaire.

275 La Confession doit être sincère, c'est-à-dire, qu'il faut accuser ses péchés tels qu'on les a commis, sans les déguiser, les augmenter, ni les diminuer.

276. La Confession doit être prudente, c'est-à-dire, en termes honnêtes, sans y rien ajouter d'inutile, et qu'elle ne doit pas découvrir les péchés d'autrui.

277. La Confession doit être entière, c'est-à-dire, qu'on est obligé de déclarer tous les péchés mortels qu'on a com-

mis, leur nombre et leurs circonstances nécessaires, tant celles qui augmentent notablement le péché, que celles qui en changent l'espèce.

278. On est obligé d'examiner sa conscience avant de se confesser ; car celui qui, pour ne s'être pas examiné, oublierait un péché mortel, ferait une confession nulle et sacrilége; à plus forte raison celui qui le cacherait par honte ou par malice.

279. Pour bien examiner sa conscience, il faut penser aux péchés qu'on a commis contre les commandements de Dieu et de l'Eglise, sur les péchés capitaux et sur ceux que l'on commet le plus ordinairement ; il faut penser aux lieux où l'on a été, aux personnes qu'on a fréquentées.

280. Quand on est auprès du prêtre, avant de commencer la déclaration de ses péchés, il faut faire le signe de la croix et dire : « Bénissez-moi, mon père, parce que j'ai péché. » Puis réciter le CONFITEOR jusqu'au MEA CULPA, déclarer humblement ses péchés, répondre sincèrement aux demandes de son confesseur, écouter les avis qu'il donne, puis achever le CONFITEOR. En recevant l'absolution, il faut faire un acte de Contrition.

281. Lorsque le confesseur juge à propos de différer l'absolution, il faut se soumettre humblement à sa décision ; loin de le presser et de murmurer contre lui, il faut exécuter ponctuellement tout ce qu'il prescrit et faire la pénitence qu'il impose.

282. Il faut se corriger des mauvaises habitudes et quitter les occasions prochaines du péché.

283. Par occasion prochaine du péché, on entend ce qui nous porte ordinairement au péché, ou ce qui nous expose au danger d'y tomber.

CHAPITRE VIII.

DE LA SATISFACTION.

284. La Satisfaction est une réparation que l'on doit à Dieu et au prochain pour l'injure faite.

285. Pour faire une bonne confession, on doit être dans la résolution de satisfaire à Dieu et au prochain ; car, sans cette résolution, on ne recevrait pas le pardon de ses péchés.

286. On satisfait à Dieu, en accomplissant les œuvres de pénitence qui nous sont imposées par le confesseur.

287. Il faut accomplir la pénitence imposée par le confesseur entièrement et dans le temps prescrit, et si l'on venait à l'oublier, il faudrait l'accomplir le plus tôt possible.

288. Indépendamment de la pénitence imposée, qu'on appelle satisfaction sacramentelle, il y a encore la satisfaction volontaire que nous devons nous imposer nous-mêmes, comme la prière, le jeûne et l'aumône.

289. On peut encore satisfaire à Dieu en acceptant les peines et les souffrances de cette vie, en les lui offrant, ainsi que le travail qu'on est obligé de faire.

290. On satisfait au prochain, en le dédommageant du tort qu'on lui a causé, soit dans ses biens, soit dans son honneur ; en réparant le scandale qu'on a donné ; en se réconcillant avec ses ennemis.

CHAPITRE IX.

DES INDULGENCES.

291. Par Indulgences, on entend la rémission des peines temporelles dues au péché, que l'Église accorde aux vrais pénitents, en leur appliquant les satisfactions de Notre-

Seigneur Jésus-Christ, ceux de la sainte Vierge et des Saints : ce qu'on appelle trésor de l'Église.

292. Il y a deux sortes d'Indulgences : l'Indulgence plénière, et l'Indulgence partielle.

293. L'Indulgence plénière est celle qui remet entièrement les peines temporelles que nous avons à expier par nos péchés.

294. L'indulgence partielle ne remet qu'une partie des peines dues à nos péchés.

295. Pour gagner les Indulgences, il faut être en état de grâce et accomplir exactement les conditions prescrites par l'Église.

296. En accordant les Indulgences, l'Église n'exempte pas les pécheurs de faire pénitence, puisqu'elle ne les accorde qu'à ceux qui travaillent à satisfaire Dieu par de dignes fruits de pénitence.

297. L'Église accorde des indulgences en faveur des âmes du Purgatoire, en offrant d'une manière particulière ses prières, jointes aux mérites et aux prières de Jésus-Christ, de la sainte Vierge et des Saints, pour le soulagement des défunts.

CHAPITRE X.

DE L'EUCHARISTIE.

---

298. L'Eucharistie est un sacrement qui contient réellement et en vérité le corps, le sang, l'âme, la divinité de Notre-Seigneur Jésus-Christ, sous les espèces ou apparences du pain et du vin.

299. On entend par espèces ou apparences, ce qui paraît à nos sens comme le signe, la couleur et le goût.

300. C'est le Jeudi-Saint, veille de sa Passion, que Jésus-Christ a institué ce sacrement, lorsqu'il changea le pain et le vin en son corps et en son sang, et qu'il donna à ses Apôtres, et, en leur personne, à tous les prêtres, le même pouvoir en disant : « Faites ceci en mémoire de moi. »

301. C'est à la sainte Messe, au moment où le prêtre prononce sur le pain et le vin les paroles de la consécration, que le corps et le sang de Notre-Seigneur Jésus-Christ se trouvent dans l'Eucharistie. Ce changement admirable s'appelle transsubstantiation, c'est-à-dire, changement d'une substance en une autre.

302. Après la consécration, nos yeux voient toujours le pain et le vin comme auparavant; cependant il n'en reste que les espèces ou apparences, et il n'y a plus rien de la substance du pain ni de celle du vin, mais seulement le corps et le sang de Notre-Seigneur Jésus-Christ.

303. Jésus-Christ est tout entier sous l'espèce du pain ; il est aussi tout entier sous l'espèce du vin. Conséquemment, les prêtres qui communient sous les deux espèces ne reçoivent pas plus que les fidèles qui communient sous les espèces du pain seulement ; les uns et les autres reçoivent également Jésus-Christ tout entier, avec son corps, son sang, son âme, sa divinité.

304. Le prêtre, en rompant l'hostie consacrée, ne rompt pas le corps de Jésus-Christ, mais seulement les espèces ou apparences du pain ; et Jésus-Christ demeure tout entier sous chaque partie de l'hostie, quelque petite qu'elle soit.

305. Jésus-Christ ne quitte pas le ciel pour être présent dans l'Eucharistie ; il est tout à la fois au ciel et dans le très saint Sacrement de l'autel.

CHAPITRE XI.

DE LA COMMUNION.

306. La Communion est la réception du corps et du sang de Fotre-Seigneur Jésus-Christ dans l'Eucharistie.

307. Pour s'approcher dignement de la sainte Table, il faut le faire avec des dispositions convenables. Ces dispositions sont de deux sortes : celles de l'âme et celles du corps.

308. Les dispositions de l'âme sont la pureté de conscience et la dévotion du cœur.

309. La conscience est pure quand on est en état de grâce, c'est-à-dire, exempt de tout péché mortel.

310. La dévotion du cœur consiste en de vifs sentiments de foi, d'adoration, d'humilité, de contrition, d'espérance, d'amour et de désir.

311. Les dispositions du corps sont : 1° d'être à jeun, c'est-à-dire de n'avoir ni bu ni mangé depuis minuit, à moins qu'on ne soit malade et qu'on ne reçoive la communion comme viatique ; 2° d'approcher de la sainte Table avec beaucoup de respect et de modestie.

312. Cette modestie et ce respect consistent à être vêtu proprement, suivant son état, mais sans vanité ; à être à genoux et dans un grand recueillement des yeux et des autres sens. Quand on est sur le point de communier, il faut tenir la nappe étendue sur les mains, avoir la tête droite, ouvrir suffisamment la bouche, avancer un peu la langue sur la lèvre inférieure, et quand on a reçu la sainte hostie, l'avaler avec toute la révérence possible.

313. La digne Communion nous unit à Jésus-Christ ; elle nourrit notre âme ; elle nous sert de remède contre le pé-

ché, et est pour nous un gage de la vie éternelle et de la résurrection glorieuse.

314. La Communion indigne, au contraire, c'est-à-dire celle que l'on fait en état de péché mortel, assimile celui qui s'en rend coupable au traître Judas, et il devient l'ennemi de Jésus-Christ et son bourreau.

315. Ceux qui communient indignement reçoivent Jésus-Christ, mais pour leur propre condamnation, comme dit l'apôtre saint Paul.

CHAPITRE XII.

DE LA SAINTE MESSE.

316. La sainte Messe est le sacrifice non sanglant du corps, du sang de Notre-Seigneur Jésus-Christ, qui s'offre sur l'autel à Dieu, son Père, par le ministère des prêtres.

317. Jésus-Christ a institué le sacrifice de la sainte Messe pour continuer le sacrifice sanglant de la Croix, et nous en appliquer le mérite.

318. Le sacrifice de la sainte Messe est le même que celui que Jésus-Christ a offert sur la Croix, puisque c'est la même victime. Il n'y a de différence que dans la manière dont cette victime est offerte.

319. Cette différence consiste en ce que Jésus-Christ s'est offert lui-même, en répandant son sang, et en mourant pour nous sur la Croix : tandis que, sur nos autels, il ne meurt plus, mais il offre, par le ministère des prêtres, la mort qu'il a soufferte, et le sang qu'il a versé.

320. Le saint sacrifice de la Messe est offert à Dieu seul, parce qu'on ne peut offrir des sacrifices qu'à Dieu.

321. On dit des Messes en l'honneur de la sainte Vierge

et des saints, non pas pour leur offrir ce sacrifice, mais pour les honorer, pour remercier Dieu de la gloire qu'il leur accorde, et pour obtenir plus facilement, par leur intercession, les grâces dont on a besoin.

322. Il faut assister au saint sacrifice de la Messe avec respect, attention et dévotion; s'unir d'intention à celle du prêtre; et il convient de réciter les prières qui ont le plus de rapport aux principales parties de la Messe.

CHAPITRE XIII.

DE L'EXTRÊME-ONCTION.

323. L'Extrême-Onction est un sacrement par lequel les malades reçoivent, en vertu de l'onction sainte et de la prière du prêtre, la grâce de Jésus-Christ pour le bien spirituel de leur âme et le soulagement de leur corps.

324. L'Extrême-Onction efface les restes des péchés et quelquefois les péchés mêmes, augmente la pureté de l'âme, inspire la soumission à la volonté de Dieu, adoucit les douleurs de la vie et la crainte de la mort, et rend même la santé du corps, lorsque Dieu juge qu'elle peut être plus utile au salut du malade.

325. C'est une négligence déplorable de ne pas demander à recevoir ce sacrement, lorsqu'on est malade. C'est manquer à l'affection chrétienne que l'on doit à ses parents et à ses amis, et, souvent même, à un véritable devoir, que de ne pas leur procurer, lorsqu'on est dans l'occasion de le faire, d'aussi puissants secours et d'aussi précieuses consolations.

326. Pour bien recevoir le sacrement de l'Extrême-Onction, il faut se mettre en état de grâce, s'exciter à une

grande confiance en la miséricorde de Dieu, et avoir une entière résignation à sa sainte volonté.

CHAPITRE XIV.

DE L'ORDRE.

327. L'Ordre est un sacrement qui donne le pouvoir de remplir les fonctions ecclésiastiques, et la grâce nécessaire pour les exercer dignement.

328. Pour recevoir dignement le sacrement de l'Ordre, il faut avoir une véritable vocation, et être en état de grâce.

329. Les évêques seuls ont le droit de conférer le sacrement de l'Ordre. Quiconque oserait s'ingérer dans les fonctions ecclésiastiques, sans avoir été consacré et envoyé par l'évêque, usurperait un pouvoir qu'il n'aurait pas. Chaque fonction ecclésiastique qu'il prétendrait remplir, serait un nouveau péché pour lui et pour ceux qui recourraient à lui, et participeraient sciemment à ses sacriléges.

330. Un prêtre même, sans mission de l'évêque, n'a aucun pouvoir pour les sacrements de Pénitence et de Mariage, et ceux qui auraient le malheur de s'adresser à lui pour ces sacrements, devraient regarder comme nul tout ce qui aurait été fait par lui, et recourir à leur pasteur légitime pour les recevoir de nouveau.

331. Dans le cas de nécessité extrême, à l'article de la mort, et faute d'un prêtre approuvé, on peut néanmoins s'adresser à quelque prêtre que ce soit, pour recevoir le sacrement de Pénitence.

332. On doit porter du respect à ceux qui sont dans les saints ordres, parce qu'ils sont les ministres de Dieu et de l'Eglise.

CHAPITRE XV.

DU MARIAGE.

333. Le Mariage est un sacrement qui sanctifie l'union légitime et indissoluble de l'homme et de la femme, et leur donne la grâce d'élever leurs enfants chrétiennement.

334. S'il y a tant de personnes qui vivent dans le mariage en mésintelligence et en discussions continuelles, c'est que beaucoup se marient sans apporter les dispositions nécessaires pour recevoir avec fruit le sacrement de Mariage.

335. Ces dispositions sont : 1° d'être appelé de Dieu et d'avoir consulté son confesseur ; 2° d'être en état de grâce ; 3° de s'y disposer par des prières et des bonnes œuvres.

336. Ceux qui se marient contre la juste volonté de leurs parents, qui négligent de s'instruire des devoirs de leur état, qui n'ont que des vues de passion ou d'intérêt, offensent Dieu en se mariant.

337. Les personnes mariées doivent s'aimer chrétiennement, se garder une fidélité inviolable, se secourir dans les besoins et les tribulations, supporter mutuellement les défauts l'un de l'autre, donner à leurs enfants une éducation chrétienne, et veiller à leur bien spirituel et temporel.

CHAPITRE XVI.

DE LA PRIÈRE EN GÉNÉRAL.

338. La prière est une élévation de notre âme vers Dieu, pour lui exprimer nos besoins et demander les grâces qui nous sont nécessaires pour l'âme et pour le corps.

339. On peut prier Dieu pour obtenir la santé et les

biens temporels, pourvu qu'on les demande avec soumission à sa volonté, et dans le désir de s'en servir pour sa gloire.

340. Il faut prier pour soi-même, pour l'Eglise, pour ses parents, pour ses amis, et même pour ses ennemis. Il faut aussi prier pour les âmes des défunts, afin qu'elles soient délivrées des peines du Purgatoire.

341. Il faut prier le matin et le soir, lorsqu'on assiste à la sainte Messe et aux autres offices, lorsqu'on est tenté, lorsqu'on a besoin pour soi ou pour les autres de quelques grâces particulières, et à l'heure de la mort.

CHAPITRE XVII.

DE L'ORAISON DOMINICALE.

342. La plus excellente de toutes les prières est l'Oraison dominicale, qu'on appelle ainsi, parce que Notre Seigneur l'a composée et nous l'a apprise.

343. Voici cette prière :

NOTRE PÈRE, QUI ÊTES AUX CIEUX, QUE VOTRE NOM SOIT SANCTIFIÉ; QUE VOTRE RÈGNE ARRIVE; QUE VOTRE VOLONTÉ SOIT FAITE EN LA TERRE COMME AU CIEL; DONNEZ-NOUS AUJOURD'HUI NOTRE PAIN QUOTIDIEN; PARDONNEZ-NOUS NOS OFFENSES COMME NOUS PARDONNONS A CEUX QUI NOUS ONT OFFENSÉS; ET NE NOUS LAISSEZ PAS SUCCOMBER A LA TENTATION; MAIS DÉLIVREZ-NOUS DU MAL.

AINSI SOIT-IL.

344. Nous appelons Dieu notre père, pour nous rappeler que nous sommes ses enfants, puisqu'il nous a créés et adoptés.

345. Nous disons notre père, et non pas mon père, pour nous rappeler que nous sommes tous enfants de la même famille, et frères en Jésus-Christ.

346. Il a sept demandes au PATER que nous faisons en commun, parce que nous devons tous prier les uns pour les autres ; ces demandes comprennent tout ce que nous pouvons espérer et demander.

347. Par la première demande : « Que votre nom soit sanctifié », nous demandons que Dieu soit connu, aimé et servi de tout le monde, et de nous en particulier.

348. Par la seconde demande : « Que votre règne arrive », nous demandons que Dieu règne dans nos cœurs par la grâce, et qu'il nous fasse un jour régner avec lui dans sa gloire.

349. Par la troisième demande : « Que votre volonté soit faite sur la terre comme au ciel », nous demandons à Dieu la grâce de faire sa volonté sur la terre, avec autant de fidélité et d'amour que les bienheureux la font dans le ciel.

350. Par la quatrième demande : « Donnez-nous aujourd'hui notre pain de chaque jour », nous demandons ce qui nous est nécessaire tous les jours pour la vie de l'âme et pour la vie du corps.

351. Par la cinquième demande : « Pardonnez-nous nos offenses », nous prions Dieu de nous pardonner nos péchés. Nous ajoutons : « Comme nous pardonnons à ceux qui nous ont offensés », parce que Jésus-Christ nous a assurés que Dieu ne pardonnera qu'à ceux qui auront pardonné aux autres.

352. Par la sixième demande : « Ne nous laissez pas succomber à la tentation », nous demandons à Dieu d'éloigner de nous les tentations, ou de nous accorder la grâce d'y résister.

353. Par la septième demande : « Délivrez-nous du mal », nous prions Dieu de nous délivrer de tous les maux spirituels et corporels, et surtout du péché, qui est le plus grand de tous les maux.

CHAPITRE XVIII.

DE LA PRIÈRE ADRESSÉE AUX SAINTS.

354. Il est très bon de prier les saints, car ils intercèdent auprès de Dieu pour nous obtenir ses grâces.

355. Nous devons être plus dévots à la très sainte Vierge qu'à tous les saints, parce qu'elle est mère de Dieu, et qu'elle est très-puissante auprès de Jésus-Christ, son fils.

356. La prière que l'Eglise adresse le plus ordinairement à la très sainte Vierge, est la Salutation angélique.

357. Voici cette prière :

JE VOUS SALUE, MARIE, PLEINE DE GRACE; LE SEIGNEUR EST AVEC VOUS; VOUS ÊTES BÉNIE ENTRE TOUTES LES FEMMES; ET JÉSUS, LE FRUIT DE VOS ENTRAILLES, EST BÉNI.

SAINTE MARIE, MÈRE DE DIEU, PRIEZ POUR NOUS, PAUVRES PÉCHEURS, MAINTENANT ET A L'HEURE DE NOTRE MORT.

AINSI SOIT-IL.

358. Cette prière est appelée la Salutation angélique, parce qu'elle commence par les paroles avec lesquelles l'ange Gabriel salua la sainte Vierge en lui annonçant qu'elle serait mère de Dieu. Il lui dit : « Je vous salue, Marie, pleine de grâce, le Seigneur est avec vous. »

359. Sainte Elisabeth, lorsqu'elle reçut la visite de la

très sainte Vierge, lui dit : « Vous êtes bénie entre toutes les femmes, et le fruit de vos entrailles est béni. »

360. L'Eglise ajoute : « Sainte Marie, mère de Dieu, priez pour nous pauvres pécheurs, maintenant et à l'heure de notre mort.

361. Les autres saints pour lesquels il est bon d'avoir une dévotion particulière, sont nos saints anges gardiens et nos saints patrons.

Prière à l'Ange gardien.

362. MON BON ANGE, CONTINUEZ, S'IL VOUS PLAIT, VOS CHARITABLES SOINS ; INSPIREZ-MOI LA VOLONTÉ DE DIEU EN TOUTES LES VOIES DE MON SALUT.

AINSI SOIT-IL.

Prière à notre Patron.

363. GRAND SAINT DONT J'AI L'HONNEUR DE PORTER LE NOM, PRIEZ POUR MOI, PROTÉGEZ-MOI, AFIN QUE JE PUISSE SERVIR DIEU COMME VOUS L'AVEZ SERVI SUR LA TERRE, ET LE GLORIFIER ÉTERNELLEMENT AVEC VOUS DANS LE CIEL.

AINSI SOIT-IL.

CHAPITRE XIX.

DE L'HONNEUR QUE L'ON REND AUX RELIQUES ET AUX IMAGES DES SAINTS.

---

364. L'hommage que l'on rend aux saints est très légitime, car il se rapporte à Dieu, qui les a glorifiés. Nous ne les adorons point, car nous ne leur rendons pas le culte qui n'est dû qu'à Dieu seul, mais nous les honorons comme les amis de Dieu.

365. Ce n'est point une idolâtrie d'honorer les images et les reliques des saints, parce qu'honorer une chose n'est pas l'adorer; ainsi, nous honorons les rois et les grands hommes, sans pour cela les adorer; et l'honneur que nous rendons aux images se rapporte à Jésus-Christ, à la très sainte Vierge et aux autres saints, qui nous sont représentés par les images.

366. Il est permis d'honorer les reliques, puisqu'elles sont les restes d'un corps qui a été le temple du Saint-Esprit, et qui doit ressusciter glorieux.

CHAPITRE XX.

DES FÊTES.

---

367. Indépendamment du dimanche, qui est le jour du Seigneur, l'Eglise célèbre encore différentes fêtes.

368. Il y a deux espèces de fêtes : 1° celles qui sont destinées uniquement à honorer Dieu : telles sont les fêtes de la sainte Trinité, la fête du Saint-Esprit ou de la Pentecôte, et les fêtes de Notre-Seigneur ; 2° les fêtes où, tout en rendant à Dieu le culte d'adoration et d'amour, nous rendons aussi un honneur à la très sainte Vierge et aux autres saints.

369. L'Avent est un temps consacré par l'Eglise pour nous disposer à célébrer avec piété la fête de la naissance du Fils de Dieu ; on appelle Avent les quatre semaines qui précèdent Noël.

370. Le Carême est un jeûne de quarante jours, aussi ancien que l'Eglise, et observé partout depuis le temps des Apôtres.

CHAPITRE XXI.

DE L'EXERCICE DU CHRÉTIEN PENDANT LA JOURNÉE.

371. En s'éveillant, il faut offrir sa première pensée à Dieu, puis s'habiller promptement et dévotement.

372. Etant habillé, il faut faire sa prière avec respect et dévotion, sans y manquer jamais.

373. Il faut offrir son travail à Dieu, s'y appliquer avec fidélité et avec une sainte joie, en chantant des cantiques, si le travail peut le permettre.

374. Avant le repas, il faut dire avec piété le BENEDICITE, de cette manière :

BÉNISSEZ, Ô MON DIEU, LA NOURRITURE QUE NOUS ALLONS PRENDRE; FAITES QUE NOUS EN USIONS AVEC SOBRIÉTÉ, ET DANS LE SEUL MOTIF DE CONSERVER UNE VIE QUE NOUS NE DEVONS EMPLOYER QU'À VOUS SERVIR.

375. Après le repas, on doit dire les grâces avec révérence, de cette manière :

NOUS VOUS RENDONS GRACE DE TOUS VOS BIENFAITS, Ô DIEU TOUT-PUISSANT, QUI VIVEZ ET RÉGNEZ DANS LES SIÈCLES DES SIÈCLES.

376 Il ne faut prendre ses repas que pour satisfaire aux besoins corporels, on doit y éviter la gourmandise et y pratiquer quelques mortifications.

377. Il faut régler ses conversations et ses divertissements, éviter les mauvaises compagnies et les mauvais discours, ne jouer jamais à aucun jeu dangereux.

378. Quand on est tenté d'offenser Dieu, il faut faire le signe de la croix, au moins sur son cœur, et prier le Seigneur d'éloigner les tentations.

379. Si l'on a eu le malheur d'offenser Dieu, il faut lui en demander pardon par un acte de contrition; et, si le péché est mortel, s'en confesser au plus tôt.

380. Quand on souffre quelque peine de corps ou quelque affliction, il faut les accepter en esprit de pénitence et les offrir à Dieu.

381. Le soir avant de se coucher, il faut faire la prière avec l'examen de sa conscience, sans y manquer jamais.

382. Pour sanctifier son coucher, il faut se déshabiller avec modestie et s'endormir dans quelque bonne pensée.

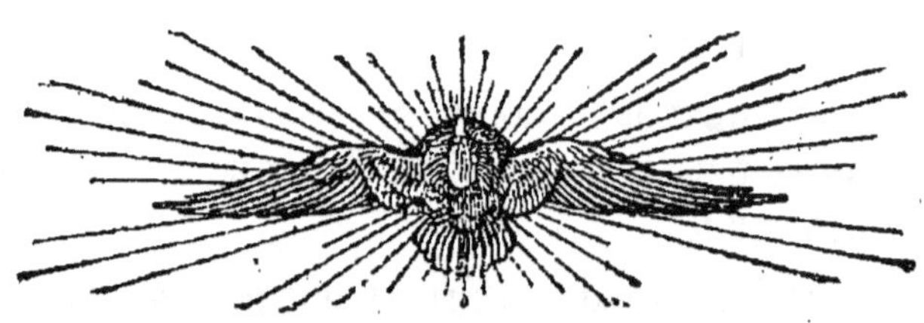

Prières des petits Enfants.

Prière du Matin.

Au nom du Père, et du Fils, et du Saint-Esprit. Ainsi soit-il.

Mon Dieu, je vous donne mon cœur; prenez-le, s'il vous plaît, afin qu'aucune créature ne puisse le posséder que vous seul. Je vous adore, Seigneur, je m'incline devant votre grandeur suprême, et je reconnais que je ne suis que poussière en comparaison de vous.

Je vous remercie de toutes les grâces que vous m'avez faites : vous m'avez mis au monde, vous m'avez conservé jusqu'à présent, et vous me comblez tous les jours de vos bienfaits. C'est encore par un effet de votre bonté que je vois ce jour; faites que, pendant sa durée, je ne me rende coupable d'aucun péché.

Notre Père, qui êtes aux cieux, que votre nom soit sanctifié ; que votre règne arrive ; que votre volonté soit faite en la terre comme au ciel ; donnez-nous aujourd'hui notre pain quotidien ; pardonnez-nous nos offenses comme nous pardonnons à ceux qui nous ont offensés ; et ne nous laissez pas succomber à la tentation ; mais délivrez-nous du mal.

Ainsi soit-il.

4*

Je vous salue, Marie, pleine de grâce ; le Seigneur est avec vous ; vous êtes bénie entre toutes les femmes, et Jésus, le fruit de vos entrailles, est béni.

Sainte Marie, mère de Dieu, priez pour nous, pauvres pécheurs, maintenant et à l'heure de notre mort.

Ainsi soit-il.

Je crois en Dieu le Père tout-puissant, Créateur du ciel et de la terre; et en Jésus-Christ, son Fils unique, Notre-Seigneur; qui a été conçu du Saint-Esprit, est né de la Vierge Marie ; a souffert sous Ponce-Pilate, a été crucifié, est mort, et a été enseveli ; est descendu aux enfers , le troisième jour est ressuscité d'entre les morts ; est monté aux cieux, est assis à la droite de Dieu le Père tout-puissant; d'où il viendra juger les vivants et les morts.

Je crois au Saint-Esprit ; la sainte Eglise catholique ; la communion des saints ; la rémission des péchés ; la résurrection de la chair ; la vie éternelle.

Ainsi soit-il.

Je confesse à Dieu tout-puissant, à la bienheureuse Marie toujours vierge, à saint Michel archange, à saint Jean-Baptiste, aux Apôtres saint Pierre et saint Paul, à tous les Saints (et à vous, mon père), que j'ai beaucoup péché par pensée, par paroles, par actions, par omissions : c'est ma faute, c'est ma faute, c'est ma très-grande faute. C'est pourquoi je supplie la bienheureuse Marie toujours vierge, saint Michel archange, saint Jean-Baptiste, les apôtres saint Pierre et saint Paul, tous les Saints (et vous, mon père), de prier pour moi le Seigneur notre Dieu.

Que le Dieu tout-puissant nous fasse miséricorde, et qu'après nous avoir pardonné nos péchés, il nous conduise à la vie éternelle. Ainsi soit-il.

Que le Seigneur tout-puissant et miséricordieux nous accorde le pardon, l'absolution et la rémission de nos péchés. Ainsi soit-il.

Souvenez-vous, ô très-pieuse vierge Marie, qu'on n'a jamais ouï dire qu'aucun de ceux qui ont eu recours à votre protection, imploré votre secours et demandé votre suffrage, ait été abandonné.

Animé d'une pareille confiance, je viens, ô Vierge des vierges! ma mère, me jeter entre vos bras; et gémissant sous le poids de mes péchés, je me prosterne à vos pieds. O mère du Verbe! ne rejetez pas mes prières, mais daignez les accueillir favorablement et les exaucer.

Ainsi soit-il.

Prière à l'ange gardien.

Mon bon ange, continuez-moi, s'il vous plaît, vos charitables soins; inspirez-moi la volonté de Dieu en toutes les voies de mon salut.

Ainsi soit-il.

Prière à notre patron.

Grand saint dont j'ai l'honneur de porter le nom, priez pour moi, protégez-moi, afin que je puisse servir Dieu comme vous l'avez servi sur la terre, et le glorifier éternellement avec vous dans le ciel.

Ainsi soit-il

COMMANDEMENTS DE DIEU

1 *Un seul Dieu tu adoreras,*
Et aimeras parfaitement.
2 *Dieu en vain tu ne jureras,*
Ni autre chose pareillement.
3 *Les dimanches tu garderas,*
En servant Dieu dévotement.
4 *Tes père et mère honoreras,*
Afin de vivre longuement.
5 *Homicide point ne seras,*
De fait ni volontairement.
6 *Luxurieux point ne seras,*
De corps ni de consentement.
7 *Le bien d'autrui tu ne prendras,*
Ni retiendras à ton escient.
8 *Faux témoignage ne diras,*
Ni mentiras aucunement.
9 *L'œuvre de chair ne désireras,*
Qu'en mariage seulement.
10 *Biens d'autrui ne convoiteras ,*
Pour les avoir injustement

COMMANDEMENTS DE L'ÉGLISE.

1 *Les fêtes tu sanctifieras,*
Qui te sont de commandement.

2 *Les dimanches messe ouïras,*
Et les fêtes pareillement.
3 *Tous tes péchés confesseras,*
A tout le moins une fois l'an.
4 *Ton Créateur tu recevras,*
Au moins à Pâques humblement.
5 *Quatre-temps, Vigiles, jeûneras,*
Et le Carême entièrement.
6 *Vendredi chair ne mangeras,*
Ni le samedi mêmement.

Prière

QUE L'ON DOIT FAIRE A LA FIN DE LA CLASSE DU MATIN, ET QUAND ON SONNE L'ANGELUS.

L'ange du Seigneur a annoncé à Marie (qu'elle enfanterait le Sauveur);
Et elle l'a conçu par l'opération du Saint-Esprit.
Je vous salue, Marie, etc.
Voici la servante du Seigneur:
Qu'il me soit fait selon votre parole.
Je vous salue, Marie, etc.
Et le Verbe s'est fait chair:
Et il a habité parmi nous.
Je vous salue, Marie, etc.

PRIONS.

Répandez, s'il vous plaît, Seigneur, votre grâce dans nos âmes, afin qu'ayant connu par la parole de l'ange l'incarnation de Jésus-Christ, votre Fils, nous arrivions, par sa passion et par sa croix, à la gloire de sa résurrection, par le même Jésus-Christ, Notre-Seigneur.

Ainsi soit-il.

PRIÈRE AVANT LE REPAS.

Bénissez, ô mon Dieu, la nourriture que nous allons prendre; faites que nous en usions avec sobriété, et dans le seul motif de conserver une vie que nous ne devons employer qu'à vous servir.

PRIÈRE APRÈS LE REPAS.

Nous vous rendons grâce de tous vos bienfaits, ô Dieu tout-puissant, qui vivez et regnez dans les siècles des siècles.

Prière avant la classe du soir.

Venez, Esprit-Saint, remplissez les cœurs de vos fidèles, et allumez en eux le feu de votre amour.

Seigneur, envoyez votre Esprit, et tout sera créé de nouveau;

Et vous renouvellerez la face de la terre.

PRIONS.

O Dieu, qui avez instruit et éclairé le cœur de vos fidèles par les lumières du Saint-Esprit, faites que nous puissions, par ce même Esprit, goûter les choses saintes, et nous réjouir sans cesse de ses divines consolations : c'est ce que nous vous demandons par Notre-Seigneur Jésus-Christ.

Ainsi soit-il.

Prière du soir.

Au nom du Père, et du Fils, et du Saint-Esprit. Ainsi soit-il.

Bénissez, ô mon Dieu, le repos que je vais prendre pour réparer mes forces, afin de vous mieux servir. Conservez-moi, pendant cette nuit, exempt de tout péché et de tout accident.

ACTE DE FOI.

Mon Dieu, je crois fermement tout ce que croit et enseigne l'Eglise catholique, parce que vous, qui êtes la vérité même, le lui avez révélé.

ACTE D'ESPÉRANCE.

Mon Dieu, j'espère avec une ferme confiance, par les mérites de Jésus-Christ, votre grâce en ce monde, et votre gloire en l'autre, parce que vous me l'avez promis, et que vous êtes souverainement fidèle dans vos promesses.

ACTE DE CHARITÉ.

Mon Dieu, je vous aime de tout mon cœur, de toute mon âme, de toutes mes forces, par-dessus toutes choses, parce que vous êtes infiniment bon, infiniment aimable ; et j'aime mon prochain comme moi-même pour l'amour de vous.

ACTE DE CONTRITION.

Mon Dieu, j'ai un extrême regret de vous avoir offensé, parce que vous êtes infiniment bon, infiniment aimable, et que le péché vous déplaît ; je fais un ferme propos, moyennant votre sainte grâce, de ne plus vous offenser et de faire pénitence.

Notre Père, etc.

Je vous salue, Marie, etc.

Je crois en Dieu, etc.

Je confesse à Dieu, etc. (Jusqu'à c'est ma faute, et s'arrêter).

Examinons notre conscience sur les fautes que nous avons commises pendant cette journée.

(Ici, il faut repasser toutes les actions que l'on a faites depuis le matin, afin de connaître les péchés dont on a pu se rendre coupable).

C'est ma faute, ma faute, etc.

O Dieu, qui êtes le créateur et le rédempteur de tous les fidèles, accordez aux âmes de vos serviteurs et de vos servantes qui sont morts, la rémission de leurs péchés, afin qu'elles obtiennent par nos humbles supplications la miséricorde qu'elles ont toujours désirée. Je vous le demande, ô mon Sauveur, pour toutes les âmes du Purgatoire, mais principalement pour celles de mes parents et de mes amis. Faites qu'ils reposent en paix et qu'ils jouissent du bonheur de votre saint paradis.

Ainsi soit-il.

O bon Dieu, notre père,
Sois propice à mes vœux,
Et protége ma mère;
Que ses jours soient heureux.
Conserve à ma tendresse,
Conserve mes parents;
Donne-moi la sagesse,
Afin qu'ils soient contents.

Arras, typ. E, LEFRANC et Cᵒ, rue des Agaches, 190.

www.ingramcontent.com/pod-product-compliance
Lightning Source LLC
LaVergne TN
LVHW020410230826
846091LV00004B/1221
9782012829534